JN111428

デイサービス、
介護現場で

すぐ使える！

懐メロ・メロで
唱歌

音楽レク

リズム体操

井上明美 編著

自由現代社

デイサービス、介護現場で すぐ使える！

唱歌・懐メロで 音楽レク リズム体操

目次 ……………………………………………………………………………………………… 2

本書の特長／誌面構成について ……………………………………………………………… 5

◉ みんなで楽しむ音楽レク

一定のルールの中で、リズムに合わせてゆったりと動いたり、歌ったり、楽器を鳴らしたりします。紙テープや風船、ペットボトル、トイレットペーパーの芯など、身近なものを使ってできるレクリエーションなども豊富に紹介しています。

1.　星影のワルツ　〜三拍子のリズムで〜 ……………………………………………… 6

2.　春よ来い　〜紙テープをまわそう〜 ………………………………………………… 8

3.　シャボン玉　〜リズムで風船投げ〜 ………………………………………………… 10

4.　あんたがたどこさ　〜「さ」でお手玉〜 …………………………………………… 12

5.　兎のダンス　〜パタカラで歌おう〜 ………………………………………………… 15

6.　通りゃんせ　〜おとなりさんと息を合わせて〜 …………………………………… 18

7.　おちゃらか　〜ジャンケンでポーズ〜 ……………………………………………… 21

8.　七つの子　〜カラスになりきって〜 ………………………………………………… 24

9.　肩たたき　〜肩をたたこう〜 ………………………………………………………… 26

10.　こきりこ節　〜ペットボトルマラカスを使って〜 ………………………………… 28

11.　雨降りお月　〜交互に歌おう〜 ……………………………………………………… 30

12.　茶摘み　〜懐かしの手あそび〜 ……………………………………………………… 32

13.　故郷の空　〜トイレットペーパーの芯をまわそう〜 ……………………………… 34

14.　村まつり　〜違う拍子で楽器を鳴らそう〜 ………………………………………… 36

●ちょっぴり頭を使う音楽レク

歌の休符部分で手拍子をしたり、決められた文字の部分は歌わなかったり、左右の手で違う動きをしたりなど、ちょっぴり頭を使うレクリエーションです。また、同じチームで息を合わせながら行ったり、ゲーム感覚で勝敗を競ったりするものもあり、脳を活性化させます。

1. ほたるこい 〜休符で手拍子〜 ……………………………………………… 38

2. 鯉のぼり 〜数を数えて手をたたこう〜 ……………………………… 40

3. 赤とんぼ 〜リズムに合わせてグー・チョキ・パー〜 ……………… 42

4. 雪 〜4人でタイミングを合わせて〜 ………………………………… 44

5. ドンパン節 〜ラップの芯でたたき合おう〜 ………………………… 46

6. むすんでひらいて 〜「て」は歌わずに〜 …………………………… 49

7. 幸せなら手をたたこう 〜リズムに合わせて動かそう〜 …………… 52

8. かたつむり 〜親指小指を交互に出して〜 …………………………… 54

9. 汽車 〜手拍子と指の数を合わせて〜 ………………………………… 56

10. 背くらべ 〜リズムに合わせて後出しジャンケン〜 ………………… 58

11. 月 〜右手左手、バラバラに〜 ………………………………………… 60

12. 桃太郎・金太郎 〜ちゃんと歌えるかな?〜 ………………………… 62

13. バラが咲いた 〜「バ」はいくつあった?〜 ………………………… 65

14. みかんの花咲く丘 〜右手と左手、違う動きで〜 …………………… 68

◉ゆったり楽しむリズム体操

「青い山脈」「荒城の月」他、高齢者の方がよく知っている楽曲を中心に取り上げ、歌やリズムに合わせて、楽しみながらゆったりと上半身や腕、首、背中、脚、足首などをストレッチできる内容になっています。

1. 青い山脈 ………………………… 70
2. 浜辺の歌 ………………………… 72
3. 早春賦 …………………………… 74
4. さくらさくら …………………… 76
5. おぼろ月夜 ……………………… 78
6. 春が来た ………………………… 80
7. ゆりかごの歌 …………………… 82
8. 荒城の月 ………………………… 84
9. 仰げば尊し ……………………… 86
10. 冬景色 …………………………… 88

◉元気に生き生きリズム体操

「憧れのハワイ航路」「銀座カンカン娘」他、高齢者が青春時代を思い出すような、懐かしく躍動感のある楽曲を中心に取り上げ、元気よく生き生きと全身をストレッチできる内容になっています。

1. 憧れのハワイ航路 ……………… 90
2. ああ人生に涙あり ……………… 92
3. 雨ふり …………………………… 94
4. かもめの水兵さん ……………… 96
5. 銀座カンカン娘 ………………… 98
6. いい湯だな ……………………… 100
7. 雀の学校 ………………………… 102
8. 兎と亀 …………………………… 104
9. 村の鍛冶屋 ……………………… 106
10. 故郷 ……………………………… 108
11. 花 ………………………………… 110

本書の特長

デイサービスなどの高齢者施設では、様々な活動が行われていますが、スタッフの方々にとっては、日々の活動計画を考えるのは大変なことですね。

本書では、音楽を使ってできるレクリエーションとリズム体操に特化し、「みんなで楽しむ音楽レク」「ちょっぴり頭を使う音楽レク」「ゆったり楽しむリズム体操」「元気に生き生きリズム体操」という4つのテーマで、高齢者の方がよく知っている唱歌や懐メロなどの楽曲を使って、介護現場ですぐにできる内容をふんだんにご紹介しています。

昔懐かしい曲を聴くことで、昔を回想し、気分が高揚して、脳を刺激します。さらに、そういう曲をレクリエーションやリズム体操で用いることで、より楽しみながら頭を使ったり体を動かしたりすることができ、脳の活性化につながります。

なお、利用者によっては、手足が思うように動かない方もいらっしゃいますので、「リズム体操」は、無理をせず、ご本人のペースで行うようにしましょう。

介護現場の利用者の方々が日々楽しく、健康で生き生きと過ごせるように、そして笑いの絶えない場所となるよう、本書をお役立ていただければ幸いです。

誌面構成について

❶ レクリエーションやリズム体操の概要やポイント、またそれを行うことで期待できる身体機能や能力などの効果を説明しています。

❷ 進め方ややり方を、イラストつきでわかりやすく説明しています。

❸ すべての楽曲について、楽譜を掲載し、伴奏をつけています。伴奏は、簡単で弾きやすく、なおかつ楽曲のよさを引き立てたアレンジになっています。なお歌は、参加者に無理のないように、ゆったりとしたテンポで行いましょう。

❹ 基本的な内容に加え、少しアレンジしたものや、スムーズに行うためのポイントやコツなどを紹介しています。

〜三拍子のリズムで〜
星影のワルツ

ふたりが向かい合い、三拍子のリズムに合わせて、3つの動作をくり返します。
懐かしの歌でリズムをとりながら、他の人とコミュニケーションを図ります。

進 め 方

ふたりが向かい合って座ります。三拍子のリズムに合わせて、基本の動作【手拍子】→【両手でひざを
たたく】→【両手をたたき合う】をくり返します。

1 ♪わか

2 ♪れ

3 ♪る

4 ♪こ

5 ♪と

6 ♪は

★これ以降の歌詞も、基本の動作をくり返します。

ちょこっと
アレンジ

基本の動作を、【両手をたたき合う】→【両手でひざをたたく】→【手拍子】に
替えて、同様に行ってもいいでしょう。

星影のワルツ

作詞：白鳥園枝／作曲：遠藤 実

※歌詞は2番まで掲載しています。

~紙テープをまわそう~

春よ来い

「♪ 春よ来い」のフレーズに合わせて、全員で呼吸を合わせて紙テープをとなりの人にまわしていきます。参加者の一体感を高めるレクリエーションです。

進 め 方

全員が輪になって座ります。輪の長さと同じくらいの長さの紙テープを輪にし、全員で軽く持ちます。
1小節ごとに左どなりの人に紙テープをまわしていきます。

1 ♪は

（左手を動かして、紙テープを左どなりの人にまわします）

2 ♪るよ

（左手を戻します）

3 ♪こい

（**1**と同じ動きです）

4 ♪（ ）

（**2**と同じ動きです）

春よ来い

作詞：相馬御風／作曲：弘田龍太郎

アドバイス　紙テープは、しっかり握ってしまうととなりの人に送るときに破れてしまうので、軽く持つように注意しましょう。また途中で紙テープが破れてしまったら、セロハンテープでつないで再び続けましょう。

~リズムで風船投げ~

シャボン玉

向かい合ったふたりが、「♪シャボン玉」のフレーズに合わせて、風船を投げ合います。
歌に合わせて投げることで集中力を高め、腕の運動にもなります。

進め方

ふたりが向かい合って座ります。ふたりでひとつの風船を用意し、2小節ごとに交互に投げ合います。

1 ♪シャボンだま とんだ

2 ♪やねまで とんだ

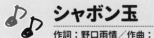

シャボン玉

作詞：野口雨情／作曲：中山晋平

アドバイス ふたりの距離が遠いと、風船をキャッチするのが難しくなるので、ふたりの足から足の間が1.5メートル前後にするといいでしょう。もし途中で風船を落としてしまったら、スタッフが拾ってあげましょう。

~「さ」でお手玉~
あんたがたどこさ

歌詞の「♪どこさ」「♪ひごさ」などの「さ」の部分で、お手玉を投げたり太ももの下をくぐらせたりします。また、全員で輪になり、「さ」の部分でとなりの人にまわしていきます。お手玉を使って行うことで、集中力や思考力を高めます。

進 め 方

●基本の動き

ひとりひとつずつお手玉を両手で持ち、♩のリズムで太ももを軽くたたきます。歌詞中の「♪どこさ」「♪ひごさ」などの「さ」の部分で、お手玉を軽く上に投げてキャッチします。

1 ♪あんた

2 ♪がた

3 ♪どこ

4 ♪さ

●アレンジ①

【基本の動き】と同様に、♩のリズムで太ももを軽くたたきます。歌詞中の「さ」の部分で、片手でお手玉を片足の太ももの下からくぐらせ、もう片方の手で取ります。

1 ♪どこ

2 ♪さ

全員で輪になり、ひとりひとつずつお手玉を持ちます。両手を開いて左手にお手玉を載せ、♩のリズムでお手玉を右手でたたき、「さ」の部分で右手で取って、右どなりの人の左手に載せます。

1 ♪あんた

2 ♪がた

3 ♪どこ

4 ♪さ

ちょこっと
アレンジ

「さ」の部分で、お手玉を両手で頭の上に載せてもいいでしょう。
また【アレンジ②】では、輪の中心にかごなどを置いておき、歌い終わったら最後に玉入れの要領でかごに投げ入れて、入った数をみんなで数えてもいいでしょう。

あんたがたどこさ

わらべうた

～パタカラで歌おう～
兎のダンス

「♪ 兎のダンス」の歌詞を、口の代表的な発音運動である「パ」「タ」「カ」「ラ」に置き換えて歌います。加齢とともに衰えがちな口のまわりの筋肉や、舌の動きを活性化させます。

進 め 方

◉ 「パ」「タ」「カ」「ラ」で発音

下記に注意しながら、「パパパパ・・・」「タタタタ・・・」「カカカカ・・・」「ラララ・・・」を発音します。

「パ」

破裂音である「パ」は、しっかりと唇を閉じてから発音します。

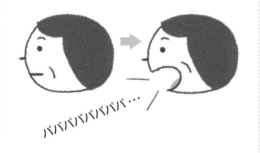

「タ」

舌を上あごにしっかりつけてから発音します。

「カ」

のどをしっかり閉めて発音します。

「ラ」

舌をまるめ、舌先を上あごにしっかりつけてから発音します。

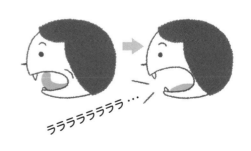

◉ 「♪ 兎のダンス」を「パ」「タ」「カ」「ラ」で歌う

「♪ 兎のダンス」の歌詞を、4小節ごとに一文字ずつ「パ」「タ」「カ」「ラ」に置き換えて歌います。

1 (♪ソソラソラソラ　うさぎの　ダンス)

パパパパパパパパ　パパパパ　パパパ

2 (♪タラッタラッタラッタ　ラッタラッタ　ラッタラ)

タタッタタッタタッタ　タッタタッタ　タッタタ

3 (♪あしで　けりけり　ピョッコピョッコ　おどる)

カカカ　カカカカ　カッカカッカ　カカカ

4 (♪みみに　はちまき　ラッタラッタ　ラッタラ)

ラララ　ラララララ　ラッララッラ　ラッララ

アドバイス

・「パ」「タ」「カ」「ラ」を発音することで、口のまわりの筋力や舌の筋力を鍛え、食べ物を口からこぼさないようにしたり、食べ物をスムーズにのどの奥まで運べるようにしたりします。また、誤嚥予防にもなります。

・「♪ 兎のダンス」はゆっくりと歌い、一文字ずつできるだけ大きな声ではっきりと発音しましょう。

・「パ」「タ」「カ」「ラ」の発音を練習する前に、一度通常の歌詞で歌ってもいいでしょう。

兎のダンス

作詞：野口雨情／作曲：中山晋平

ソソ ラ ソ ラソ ラ うさぎ の ダ ン ス

タラッ タ ラッ タラッ タ ラッ タラッ タ ラッ タ ラ

あし で け りけ り ピョッ コピョッ コ お ど る

みみ に は ちまき ラッ タラッ タ ラッ タ ラ

※歌詞は1番のみ掲載しています。

~おとなりさんと息を合わせて~

通りゃんせ

全員が輪になり、手をつないでリズムに合わせて体を揺らしたり、となりの人の肩をたたいたりして、
コミュニケーションを図ります。

進め方

全員が輪になって座り、手をつなぎます。

1 ♪とおりゃんせ

（両手を上に上げます）

2 ♪とおりゃんせ

（両手を下から後ろに下げます）

3 ♪ここは どこの

（右に傾きます）

4 ♪ほそみちじゃ

（左に傾きます）

5 ♪てんじんさまの

（**3**と同じ動きです）

6 ♪ほそみちじゃ

（**4**と同じ動きです）

7 ♪ちょっと とおして
　　くだしゃんせ

（右の人の肩を4回たたきます）

8 ♪ごようの ないもの
　　とおしゃせぬ

（左の人の肩を4回たたきます）

9 ♪このこの ななつの
　　おいわいに

（ **7** と同じ動きです）

10 ♪おふだを おさめに
　　まいります

（ **8** と同じ動きです）

11 ♪いきは よいよい かえりは こわい
　　こわいながらも とおりゃんせ

（ **1** ～ **4** の動きをくり返します）

12 ♪とおりゃんせ

（ **3** と同じ動きです）

ちょこっと
アレンジ

となりの人の肩をたたく部分は、【右4回】→【左4回】→【右4回】→【左4回】
を、【右8回】→【左8回】に替えてもいいでしょう。

通りゃんせ

わらべうた

とお　　りゃんせ　とお りゃんせ　こ こはど この　ほそみ ちじゃ

てん じん ーさまの　ほそ みちじゃ　ちょっ とと おして　くだしゃんせ

ごよう のないもの　とお しゃせぬ　このこのななつの　おいわいに　ー

おふだをおさめに　まいります　いきはよいよい　かえりはこわい

こわいながらも　と お りゃんせ　とお りゃんせ

みんなで楽しむ音楽レク

7

〜ジャンケンでポーズ〜

おちゃらか

ふたりが向かい合い、伝承的な「♪ おちゃらか」の手あそびを楽しみます。歌に合わせてジャンケンをして、勝ったり負けたり・・・の動作をタイミングよく行うことで、脳を活性化させます。

.... **進 め 方** ....

ふたりが向かい合って座り、「♪おちゃらか」の歌詞に合わせて手あそびをします。歌詞の「**ほい**」のところでジャンケンをし、ジャンケンの結果に合わせて「**かったよ**」「**まけたよ**」「**あいこで**」のいずれかのポーズをします。

かったよ	まけたよ	あいこで

（バンザイをします）

（泣く真似をします）

（両手を腰にあてます）

1 ♪せっせっせーの

（両手をつないで3回ふります）

2 ♪よいよいよい

（つないだ両手を交差して3回ふります）

3 ♪おちゃ

（右手で自分の左手をたたきます）

4 ♪らか

（右手で相手の左手をたたきます）

5 ♪おちゃらか
　　おちゃらか

（ **3** 、 **4** の動き
を2回くり返します）

6 ♪ほい

（ジャンケンをします）

7 ♪おちゃ

（**3**と同じ動きです）

8 ♪らか

（**4**と同じ動きです）

9 ♪かったよ（まけたよ）（あいこで）

かったよ　　　　まけたよ

（ジャンケンの結果に合わせて、それぞれの ポーズをします）

10 ♪おちゃ

（**3**と同じ動きです）

11 ♪らか

（**4**と同じ動きです）

12 ♪ほい

（ジャンケンをします）

（**7**〜**12**の動き
をくり返します）

ちょこっと
アレンジ　　ゆったりとしたテンポから、少しずつテンポアップして行ってもいいでしょう。

おちゃらか
わらべうた

せっ せっ せ の よい よい よい

お ちゃら か お ちゃら か お ちゃら か ほい

お ちゃら か かまあ たたけい っけた こ よよで お ちゃら か ほい

〜カラスになりきって〜

七つの子

カラスになりきって、「♪ 七つの子」の歌に、カラスの鳴き声の合いの手を入れます。大きな声で鳴き声を真似して発音することで唾液を出やすくし、食事の際に食べ物を飲み込みやすくします。

進 め 方

1 全員を半分に分け、「♪ 七つの子」を歌うチームと、カラスの鳴き声の合いの手を入れるチームの2チームにして、分担を決めます。

2 歌うチームは歌うことに専念し、合いの手を入れるチームは、歌わずに、楽譜のカッコの部分で大きな声でカラスの鳴き声を真似します。

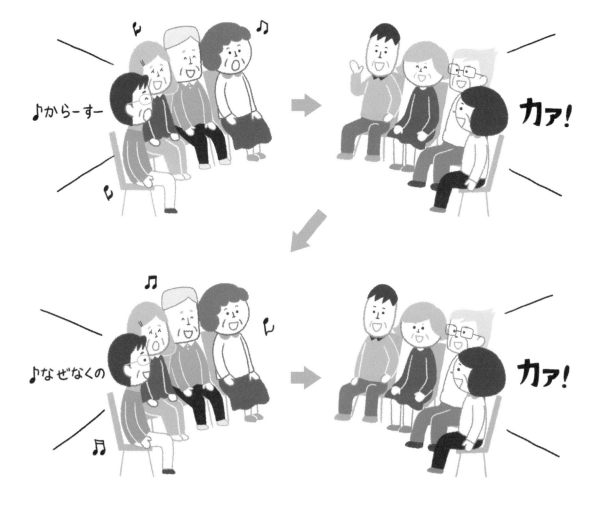

3 2チームの分担を交代して、同様に行います。

七つの子

作詞：野口雨情／作曲：本居長世

からーす（カァ!）　なぜなくの（カァ!）　からすはやま　に（カァ カァ!）
や　まーの（カァ!）　ふーるすへ（カァ!）　いってみてご　ら　ん（カァ カァ!）

か　わいい　な　なーつの　こがあるから　よ（カァ カァ!）
ま　ーるい　め　をーした　いーいーこだ　よ（カァ カァ!）

Fine

か　わ　い（カァ!）　か　わいと　から　すは　なく　の（カァ!）

か　わい（カァ!）　か　わいと　なくんだ　よ（カァ カァ!）

D.C.

アドバイス　スタッフは、「カラスになりきって、大きな声で鳴き声を真似しましょう」と促し、できるだけ大きな口を開けて、大きな声で発音するようにしましょう。

-25-

〜肩をたたこう〜
肩たたき

リズムに合わせて、自分の肩をたたいたり、となりの人の肩をたたいたりします。
決められた数だけたたくことで脳を活性化するとともに、腕の運動にもなります。

進 め 方

全員が輪になって座ります。

◉ 1番

1 ♪かあさん おかたを

（右手で左の肩を4回たたきます）

2 ♪たたきましょう

（左手で右の肩を4回たたきます）

3 ♪タントンタントン タントントン

（右手で右どなりの人の肩を7回たたきます）

◉ 2番

4 ♪かあさん しらがが

（左手で右の肩を4回たたきます）

5 ♪ありますね

（右手で左の肩を4回たたきます）

6 ♪タントンタントン　タントントン

（左手で左どなりの人の肩を7回たたきます）

 肩たたき

作詞：西條八十／作曲：中山晋平

1.かあ　　さん　おかたを　たたきます　しょう
2.かあ　　さん　しらがが　あります　ね

タン　　トン　タン　　トン　タン　　トン　トン

※歌詞は2番まで掲載しています。

 自分の肩はたたかずに、2小節ごとに、【右どなりの人の肩をたたく】→【左どなりの人の肩をたたく】をくり返してもいいでしょう。その場合、2番は左右を逆にします。

〜ペットボトルマラカスを使って〜
こきりこ節

ペットボトルで作ったマラカスを使って、歌いながら拍子を取ります。
あずきを入れたマラカスの音が小気味よく、楽しみながらリラックスできます。

用意するもの

350ml の空のペットボトル（人数分）、トイレットペーパーの芯（人数分）、
あずき（20 〜 25 g×人数分）、セロハンテープ、ビニールテープ、はさみ

マラカスの作り方

① ペットボトルにあずきを 20 〜 25 g くらい入れ、
ふたをします。

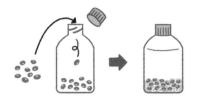

② トイレットペーパーの芯を縦に切り開きます。

③ ②をペットボトルのふたの部分の大きさに合わせて巻
き、巻き終わり部分とペットボトルに接触する部分を
セロハンテープでとめ、マラカスの持ち手にします。

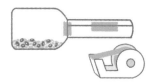

④ 持ち手部分全体にビニールテープを巻きます。

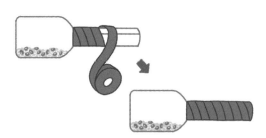

進め方

ひとりひとつずつマラカスを持ち、「♪こきりこ節」を歌いながら、♩ごとにマラカスをふります。

1 こきり

2 この

3 ーた

4 けは

こきりこ節

富山県民謡

こ きりこ の― ― たけ は し ちーすんー ごーぶーじゃ

な がーい は― ― そ で のー か な か いーじゃ

ま どのサン サも デデレコデン は れのサン サも デデレコデン

※歌詞は1番のみ掲載しています。

・マラカスは、できれば参加者みんなで作りましょう。
・あずきの替わりに、ビーズや米などを入れてもいいでしょう。

～交互に歌おう～

雨降りお月

2チームに分かれて、「♪雨降りお月」を4小節ごとにバトンタッチして歌います。歌わないときは、リズムに合わせて打楽器を鳴らします。決まった小節ごとに歌ったり打楽器を鳴らしたりすることで、集中力や判断力を高めます。

用意するもの

タンバリン、マラカス、鈴、カスタネットなどの打楽器を人数分

進 め 方

1 参加者を半分に分け、A・Bチームの2チームにし、全員が何か打楽器を持ちます。

2 「♪雨降りお月」の最初の4小節をAチームが歌い、Bチームは歌わずにリズムに合わせて打楽器を鳴らします。次の4小節は交代してBチームが歌い、Aチームは打楽器を鳴らします。4小節ごとにそれをくり返します。

♪あめふり　おつきさん
くもの　かげ

A
チーム

B
チーム

♪およめに　ゆくときゃ
だれと　ゆく

アドバイス
・スタッフが、4小節ごとに「はい!」と言いながら、歌うチームに手で合図を出すとわかりやすいでしょう。
・打楽器が人数分ない場合は、手拍子をしてもいいでしょう。

雨降りお月

作詞：野口雨情／作曲：中山晋平

〜懐かしの手あそび〜
茶摘み

リズムに合わせて、昔懐かしい「♪ 茶摘み」の手あそびをします。
他の人とふれ合いながら、元気にリフレッシュできます。

進 め 方

ふたりが向かい合って座ります。【右手をたたき合う】→【手拍子】→【左手をたたき合う】→【手拍子】···
をくり返します。P.33 の楽譜中の（トントン）の部分では、両手を2回たたき合います。

1 ♪な

2 ♪つ

3 ♪も

4 ♪ち

5 ♪か

6 ♪づ

7 ♪く

（トントン）

茶摘み

文部省唱歌

 両手を2回たたき合うところでは、【両手のひらを1回たたき合う】＋【両手の甲を1回たたき合う】にしてもいいでしょう。

〜トイレットペーパーの芯をまわそう〜
故郷の空

千代紙などで巻いたカラフルなトイレットペーパーの芯を、リズムに合わせてみんなでまわしていきます。左右の人と息を合わせて行うことで、集中力や協調性を高めます。

> **用意するもの**・・
> トイレットペーパーの芯に千代紙や折り紙を巻いたものを人数分

進 め 方

全員が輪になり、ひとりひとつずつトイレットペーパーの芯を持ちます。1小節ごとに、【左手で持った芯を左どなりの人に渡す＋右どなりの人の芯を右手で受け取る】→【右手で受け取った芯を左手に持ち替える】をくり返します。

1 ♪ゆうぞら

（トイレットペーパーの芯を左どなりの人に渡します）

2 ♪はれて　あ

（右手で受け取ったトイレットペーパーの芯を左手に持ち替えます）

3 ♪きかぜ　ふ

（**1**と同じ動きです）

4 ♪き

（**2**と同じ動きです）

故郷の空

訳詞：大和田建樹／スコットランド民謡

 ゆったりとしたテンポから、少しずつテンポアップして行ってもいいでしょう。

〜違う拍子で楽器を鳴らそう〜
村まつり

2チームに分かれて、「♪ 村まつり」をそれぞれ違う拍子で打楽器を鳴らします。
相手チームにつられずに打楽器を鳴らすことで、集中力や思考力を高めます。

用意するもの

タンバリン、マラカス、鈴、カスタネットなどの打楽器を人数分

進 め 方

1 参加者を半分に分け、A・Bの2チームにし、全員が何か打楽器を持ちます。

2 「♪ 村まつり」を歌いながら、Aチームは ♩ ごとに打楽器を鳴らし、Bチームは1小節ごとに打楽器を鳴らします。

	む	らの	ちん	じゅの
A チーム				
B チーム				

村まつり

文部省唱歌

1.む ら の ちん じゅ の かみ さ ま く の で
2.と し も ほう ねん の まん さ く で

きょ う は は め で た い おお まつ り びり
む ら は は そ う で の おお おま つ

ドン ドン ヒャラ ラ ドン ヒャラ ラ ドン ドン ヒャラ ラ ドン ヒャラ ラ

あ さ か ら き こ え る ふ え た い も こり
よ る ま で に ぎ わ う み や の も

※歌詞は2番まで掲載しています。

アドバイス ・A・Bチームを交代して、同様に行いましょう。

・打楽器が人数分ない場合は、手拍子をしてもいいでしょう。

～休符で手拍子～

ほたるこい

「♪ほたるこい」の歌のメロディの部分では歌い、休符の部分では手拍子をします。
少しずつテンポアップして行うことで、みんなで盛り上がり、脳を活性化させます。

進 め 方

「♪ほたるこい」を歌いながら、P.39の歌詞の  マークの部分では手拍子をします。ゆったりとしたテンポから、少しずつテンポアップして、くり返し行います。

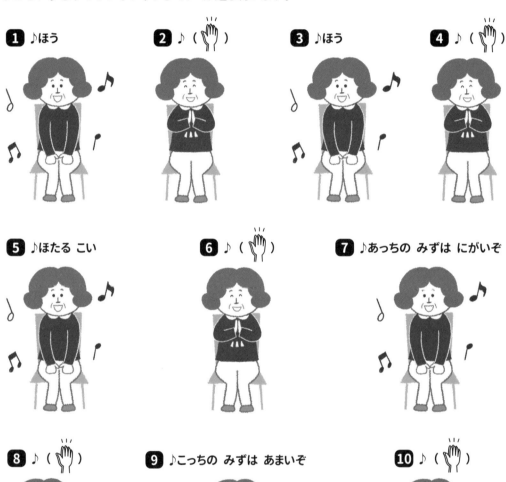

1 ♪ほう

2 ♪（  ）

3 ♪ほう

4 ♪（  ）

5 ♪ほたる こい

6 ♪（ ）

7 ♪あっちの みずは にがいぞ

8 ♪（ ）

9 ♪こっちの みずは あまいぞ

10 ♪（ ）

ほたるこい
わらべうた

ほう　ほう　ほ　た　る　こい

あっ　ち　の　み　ず　は　に　が　い　ぞ

こっ　ち　の　み　ず　は　あ　ま　い　ぞ

ほう　ほう　ほ　た　る　こい

ふたりが向かい合って座り、手拍子の部分で両手をたたき合うようにしても
楽しいでしょう。

～数を数えて手をたたこう～

鯉のぼり

歌詞に合わせて、決められた回数、手拍子をしたり、左右の人と手をたたき合うことで、
集中力や思考力を高めます。

進め方

全員が輪になり、♩ のリズムに合わせて、【8回手拍子】→【4回左右の人と手をたたき合う】→【2回手拍子】→【1回左右の人と手をたたき合う】をくり返します。

1 ♪いらかの なみと

（8回手拍子をします）

2 ♪くものな

（左右の人と4回手をたたき合います）

3 ♪み

（2回手拍子をした後、左右の人と1回手をたたき合います）

鯉のぼり

文部省唱歌

1. い ー ら ー か の な ー み ー と く ー も ー の な ち み に ば
2. ひ ー ら ー け る ひ ー ろ ー き そ ー の ー く ち な み に ば
3. も ー も ー せ の た ー き ー を の ー ぼ ー り な み に ば

か ー さ ー な る な ー み ー の な ー か ぞ ら を て き
ふ ー ね ー を も ち の ー ま ー ん さ ー ま ー み え を て き
た ー ち ー ま ち りゅう ー ー に な ー り ー ぬ べ を て き

た ち ば な に か ー お ー る あ ー さ ー か ぜ に に は と
ゆ た か に ふ ー る ー う ひ ー れ に は と
わ が み に に ー よ ー や お の ー こ ご に は と

た か く お ー よ ー ぐ や こ い ー の ぼ あ り り
も そ の ら に ど う ー ー ぜ や い ー の ぼ り り
そ ら に お ー ど ー る や こ い ー の ぼ り り

ちょこっと
アレンジ
ふたりで向かい合って座り、【8回手拍子をする】→【4回両手をたたき合う】→【2
回手拍子をする】→【1回両手をたたき合う】をくり返してもいいでしょう。

～リズムに合わせてグー・チョキ・パー～

赤とんぼ

三拍子のリズムに合わせて、両手でグー・チョキ・パー、パー・チョキ・グー、チョキ・グー・パー、チョキ・パー・グーなどを出します。1コーラスごとに替えることで、指と頭の運動になります。

進め方

1 「♪ 赤とんぼ」の1番では、三拍子のリズムに合わせて両手でグー・チョキ・パーを出します。

①♪ゆう   ②♪や   ③♪ーけ   ④♪こや   ⑤♪けー   ⑥♪の

2 2番では、両手でパー・チョキ・グーを出します。

⑦♪やー   ⑧♪ま   ⑨♪ーの   ⑩♪はた   ⑪♪けー   ⑫♪の

3 3番では、両手でチョキ・グー・パーを出します。

⑬♪じゅう   ⑭♪ご   ⑮♪ーで   ⑯♪ねえ   ⑰♪やー   ⑱♪は

4 4番では、両手でチョキ・パー・グーを出します。

⑲♪ゆう   ⑳♪や   ㉑♪ーけ   ㉒♪こや   ㉓♪けー   ㉔♪の

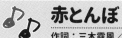

赤とんぼ

作詞：三木露風／作曲：山田耕筰

三拍子の1拍目は、両手をジャンケンの形にせず、手拍子をするようにして、
たとえば「手拍子・チョキ・パー」などにしてもいいでしょう。

〜4人でタイミングを合わせて〜

雪

4人が囲むように座り、向かい合うふたりがひと組となって、手が重ならないように、2チームが基本の動作をタイミングをずらして行います。コミュニケーションを図りながら、集中力を高めます。

進 め 方

4人が囲むように座り、向かい合うふたりを同じ組とし、A・Bの2チームとします。

「♪雪」のリズムに合わせて、Aチームは基本の動作【手拍子をする】→【両手でひざをたたく】→【両手を2回たたき合う】をくり返し、Bチームは【両手を2回たたき合う】→【手拍子をする】→【両手でひざをたたく】をくり返します。

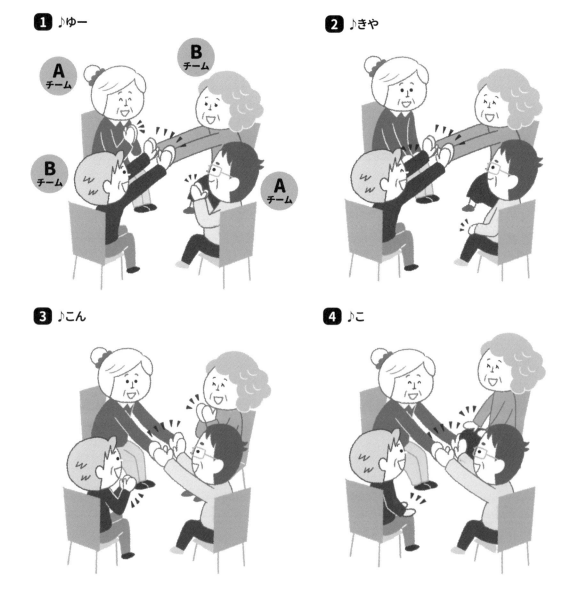

1 ♪ゆー

2 ♪きや

3 ♪こん

4 ♪こ

雪

文部省唱歌

アドバイス
・難しいようでしたら、最初にA・Bチームでそれぞれふたりで練習してから4人で合わせるといいでしょう。
・慣れてきたら、A・Bチームを交代して、同様に行いましょう。

〜ラップの芯でたたき合おう〜
ドンパン節

ふたりが向かい合い、両手に持ったラップの芯を決められた数だけたたいたり、たたき合ったりします。ラップの芯をたたく音を楽しむとともに、集中力を高めます。

進 め 方

全員がラップの芯を両手に1本ずつ持ち、ふたりが向かい合って座ります。楽譜の1〜6小節は、歌詞の「♪ドン」「♪ドド」で右手の芯で左手の芯を1回たたき、「♪パン」「♪パンパ」で右手の芯で相手の左手の芯を1回たたきます。これをくり返します。

1 ♪ドンドン

（右手の芯で左手の芯を2回たたきます）

2 ♪パンパン

（右手の芯で相手の左手の芯を2回たたきます）

3 ♪ドン

（右手の芯で左手の芯を1回たたきます）

4 ♪パンパン

（**2**と同じ動きです）

7小節目以降は、♩のリズムに合わせて、次の動作をくり返します。

5 ♪（うた）コで よあけた

（右手の芯で左手の芯を4回たたきます）

6 ♪わがくには

（右手の芯で相手の左手の芯を4回たたきます）

7 ♪あまの

（右手の芯で左手の芯を2回たたきます）

8 ♪いわとの

（右手の芯で相手の左手の芯を2回たたきます）

9 ♪はじ

（右手の芯で左手の芯を1回たたきます）

10 ♪めよ

（右手の芯で相手の左手の芯を
1回たたきます）

11 ♪り

（自分の両手の芯をたたき合います）

ドンパン節

秋田県民謡

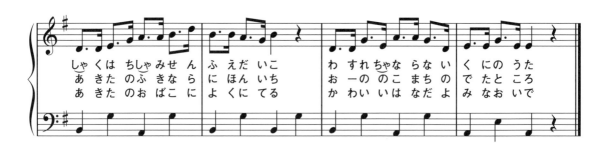

※歌詞は3番まで掲載しています。なお、「♪ドンパン節」の歌詞はさまざまなものがあり、ここで取り上げたものは一例です。

ふたりではなく、ひとりずつ行い、相手の左手の芯をたたく部分では、自分の左手の芯で右手の芯をたたくようにしてもいいでしょう。

～「て」は歌わずに～
むすんでひらいて

「♪むすんでひらいて」を歌いながら、歌詞の「て」の部分は歌わずに手拍子をします。
歌詞をよく聞いていないと難しいので、集中力や思考力を高めます。

進 め 方

「♪むすんでひらいて」の歌を歌います。途中、歌詞の「て」の部分だけは歌わずに、手拍子をします。

1 ♪むすんで ひらい
2 ♪（て）
3 ♪（て）
4 ♪を うっ
5 ♪（て）
6 ♪むすんで
7 ♪また ひらい
8 ♪（て）
9 ♪（て）
10 ♪を うっ
11 ♪（て）

むすんでひらいて

文部省唱歌／作曲：ルソー

1.～3. む　す　ー　ん　で　　ひ　ら　　い　て

て　を　ー　うって　　む　ー　す　ん　で

ま　た　ひ　らい　て　　て　を　　うって

その一　　て　を　　うしよ　えた　こ　　ににに

1.～3. む　す一ん　で　　ひ　ら　　い一て

1.2.　　**3.**

て　を一うって　　む一すん　で　　で

ちょこっと アレンジ

・歌詞の「で」の部分でも手拍子をしてしまいがちなので、注意しましょう。

・ふたりが向かい合って座って行い、手拍子の替わりに両手をたたき合っても
　いいでしょう。

・慣れてきたら、テンポアップして行ってみましょう。

〜リズムに合わせて動かそう〜
幸せなら手をたたこう

1コーラスごとに、リズムに合わせて指や手、足などを動かします。
元気よく楽しみながら、手指や足の運動能力を高めます。

進め方

◉1番

基本の動作は、両手でグー・チョキ・パーをくり返します。歌詞の（手拍子）の部分では、2回手をたたきます。

※ 1番の最後の歌詞「♪てをたたこう」の部分は、「♪てを」（パー）→「♪たた」（グー）→「♪こう」（チョキ）→2回手拍子になります。

1 ♪しあ　　**2** ♪わせ　　**3** ♪なら　　**4** ♪てを

5 ♪たた　　**6** ♪こう　　（2回手拍子）

◉2番

基本の動作は、【右足を開く】→【左足を開く】→【右足を閉じる】→【左足を閉じる】です。それをくり返します。歌詞の（足ぶみ）の部分では、両足をそろえて2回床をトントンします。

7 ♪しあ　　**8** ♪わせ　　**9** ♪なら　　**10** ♪あし

11 ♪なら　　**12** ♪そう　　（床を2回トントン）

◉3番

基本の動作は、【グーの右手で右の太ももをたたく】→【グーの左手で左の太ももをたたく】→【右手で左の肩をたたく】→【左手で右の肩をたたく】→【左手で左の太ももをたたく】→【右手で右の太ももをたたく】です。それをくり返します。歌詞の（肩たたき）の部分では、右手で左の肩を、左手で右の肩を同時に2回たたきます。

13 ♪しあ　　**14** ♪わせ　　**15** ♪なら　　**16** ♪かた　　**17** ♪たた　　**18** ♪こう

（右手で左の肩を、左手で右の肩を同時に2回たたきます）

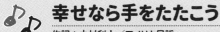

幸せなら手をたたこう

作詞：木村利人／アメリカ民謡

※歌詞は3番まで掲載しています。

 ゆったりとしたテンポから、少しずつテンポアップして行ってもいいでしょう。

～親指小指を交互に出して～

かたつむり

両手の親指と小指をかたつむりの角に見立てて、リズムに合わせて交互に出したり引っ込めたりします。交互に指を動かすことで、指先の運動になるとともに、集中力を高めます。

進 め 方

両手をグーにした状態から、♩ のリズムに合わせて、基本の動作【左手の小指と右手の親指を出す】→【出した両手の指を引っ込める】→【右手の小指と左手の親指を出す】→【出した両手の指を引っ込める】をくり返します。

1 ♪でん

2 ♪でん

3 ♪むし

4 ♪むし

5 ♪かた

6 ♪つむ

7 ♪り

8 ♪（ 𝄽 ）

かたつむり

文部省唱歌

1. で　　ん　で　ん　　む　　し　む　し　　か　　た　つ　む　　り
2. で　　ん　で　ん　　む　　し　む　し　　か　　た　つ　む　　り

お　　まえ　の　　あ　　たま　は　　ど　　こ　に　あ　　る
お　　まえ　の　　め　　だま　は　　ど　　こ　に　あ　　る

つ　の　だ　せ　　や　り　だ　せ　　あ　た　ま　　だ　せ
つ　の　だ　せ　　や　り　だ　せ　　め　だ　ま　だ　だ　せ

【出した両手の指を引っ込める】をカットして、基本の動作を【左手の小指と右手の親指を出す】→【右手の小指と左手の親指を出す】のみを交互に行ってもいいでしょう。

ちょこっと
アレンジ

-55-

~手拍子と指の数を合わせて~

汽 車

リズムに合わせて、両手の指を出す数と手拍子の数をひとつずつ増やしていきます。
数を数えながら行うことで、脳を活性化させます。

進 め 方

「♪汽車」のリズムに合わせて、【両手の指を1本ずつ出す】→【1回手拍子】→【両手の指を2本ずつ出す】
→【2回手拍子】→【両手の指を3本ずつ出す】→【3回手拍子】→【ガッツポーズをする】をくり返します。

1 ♪い

2 ♪まは

3 ♪やま

4 ♪な

5 ♪か

6 ♪いま

7 ♪は

8 ♪は

9 ♪ま

10 ♪（ヾ）

ちょこっと **アレンジ**
・このレクリエーションは、「♪汽車ポッポ」（作詞：富原 薫／作曲：草川 信）でも
同様に行うことができます。
・慣れてきたら、テンポアップして行ってみましょう。

汽車

作詞：不詳／作曲：大和田愛羅

1.い　ー　ま　は　　や　ま　な　か　　い　ま　は　は　や　　ま　ね
2.と　お　く　に　　み　ー　え　る　　む　ら　の　や　　ね

い　ー　ま　は　　てっ　　きょう　　わ　た　ー　る　ぞ　　と　き
ち　か　く　に　　み　　え　る　　ま　ち　ー　の　の

お　も　り　う　や　　ま　も　な　く　　ト　ン　ネ　ル　　の　け
も　　り　や　　は　や　し　や　　た　や　は　た

や　ー　み　を　　と　お　っ　て　　ひ　ろ　ー　の　は　　ら　く
あ　ー　と　へ　　あ　と　へ　と　　と　ん　ー　で　ゆ

※歌詞は２番まで掲載しています。

~リズムに合わせて後出しジャンケン~

背くらべ

4小節ごとに、スタッフが出したジャンケンに勝つように、後出しジャンケンをします。
リズムに乗りながら行うことで、思考力や判断力を高めます。

進め方

「♪ 背くらべ」の歌を歌いながら、4小節ごとに、P.59 の楽譜の ✋✌ マークの部分で、スタッフが
何かジャンケンを出し、参加者はそれに勝つように後出しジャンケンをします。

1 ♪はしらの きずは おととしの

2 ♪ごがつ いつかの せいくらべ

慣れてきたら、スタッフが出したジャンケンに負けるものを出すようにしてもいい
でしょう。

背くらべ

作詞：海野 厚／作曲：中山晋平

～右手左手、バラバラに～

月

♩ごとに、左右の違う指を1本ずつ折り曲げていきます。
どちらかの手につられないように折り曲げることで、脳を活性化させます。

進 め 方

両手を開き、歌う前にまず左手の親指を折り曲げておきます。そこから、歌の ♩ のリズムに合わせて、両手の指を折り曲げていきます。5本折り曲げたら、次は小指から開いていきます。これをくり返します。

（スタート前）

1 で

2 た

3 で

4 た

5 つ

6 き

7 が

8 ー

正しくできたら、最後は左手は5本折り曲げ、
右手は小指だけが立っている状態になります。

★ 2番は、右手の親指を折り曲げた状態から
　スタートして、同様に行います。
★ 3番は、1番と同様に行います。

月

文部省唱歌

アドバイス　難しい場合は、左右の手の指を同じように親指から折り曲げて、何度か練習してから行うといいでしょう。

~ちゃんと歌えるかな?~
桃太郎・金太郎

2チームに分かれて、「♪桃太郎」と「♪金太郎」を交互に4小節ずつ歌います。チームのみんなで歌う楽しさを味わいながら、相手チームの歌につられないように歌うことで、集中力や思考力を高めます。

進 め 方

1 参加者を半分に分け、A・Bチームの2チームにします。

2 Aチームは「♪桃太郎」、Bチームは「♪金太郎」を担当し、Aチームから4小節ずつ交互に歌います。

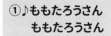
①♪ももたろうさん
　ももたろうさん

②♪まさかり かついで
　きんたろう

（Aチームが歌います。Bチームは歌いません）

（Bチームが歌います。Aチームは歌いません）

③♪おこしに つけた
　きびだんご

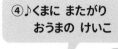
④♪くまに またがり
　おうまの けいこ

（**1**と同じです）

（**2**と同じです）

3 2チームの歌の担当を交代して、同様に行います。

桃太郎

文部省唱歌／作曲：岡野貞一

※歌詞は３番まで掲載しています。

金太郎

作詞：石原和三郎／作曲：田村虎蔵

1.ま　さ　か　り　　か　つ　い　で　　き　ん　た　ろ　　う
2.あ　し　が　ら　　や　ー　ま　の　　や　ま　お　く　　で

く　ー　ま　に　　ま　た　が　り　　お　う　ま　の　　け　い　こ
け　だ　も　の　　あ　つ　め　て　　す　も　う　の　　け　い　こ

ハイ　シイ　ドウ　ドウ　　ハイ　ドウ　ドウ　　ハイ　シイ　ドウ　ドウ　　ハイ　ドウ　ドウ
ハッ　ケ　ヨイ　ヨイ　　ノ　コッ　タ　　ハッ　ケ　ヨイ　ヨイ　　ノ　コッ　タ

ちょこっと **アレンジ** このレクリエーションは、「♪桃太郎」と「♪金太郎」以外にも、たとえば「♪浦島太郎」と「♪兎と亀」など、拍子と小節数が同じ曲なら、同様に行うことができます。

～「バ」はいくつあった?～
バラが咲いた

「♪ バラが咲いた」を歌いながら、歌詞の中に「バ」の文字が何回出てきたかを数えます。
歌を楽しみながら、集中力や記憶力を高めます。

進 め 方

1 全員で「♪ バラが咲いた」の1番を歌い、歌いながら歌詞の中に「バ」の文字は何回出てきたかを数えます。

2 歌い終わったら、「バ」の文字は何回出てきたか、スタッフが参加者に尋ねます。

12回!

3 2番も同様に行います。

バラが咲いた

作詞／作曲：浜口庫之助

1.バ ラ が さい た ば ラ が さい た まっ かな バ ラー がか
2.バ ラ が ちっ た ば ラ が ちっ た い つのま にー か

さ び しかっ た ぼ くのに わに バ ラ が さい た
ぼ くのに わは ま えのよ うに さび しくな っ た

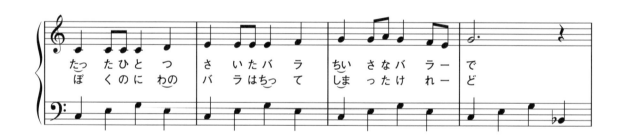

たっ た ひと つ さ いた バ ラ ちい さな バ ラー で
ぼ くのに わの バ ラ は ちっ て しま った け れー ど

さ び しかっ た ぼ くのに わが あかるくな っ た
さ び しかっ た ぼ くのここ ろに バーラ が さ い た

バ ラ よー バ ラー よ ちい さな ー バ ラ ラ
バ ラ よー バ ラー よ こころ の ー バ ラ ラ

アドバイス 「♪バラが咲いた」の1番の歌詞は、「バ」の文字が12回出てきます。また2番は10回出てきます。あらかじめホワイトボードや模造紙に歌詞を書いておき、歌い終わったら参加者に見せて、正解の回数をみんなで数えるようにするといいでしょう。

〜右手と左手、違う動きで〜
みかんの花咲く丘

リズムに合わせて、片手は三拍子で「グー・チョキ・パー」、もう片方の手は二拍子で「グー・パー」の動きをします。左右の手で違う動きをすることで、指先の運動になるとともに、脳を活性化させます。

進め方

1 「♪みかんの花咲く丘」の♪のリズムに合わせて、1番は右手はグー・チョキ・パー、左手はグー・パーをくり返します。

	①♪み	②♪ー	③♪か	④♪ん	⑤♪ー	⑥♪の
右手	グー	チョキ	パー	グー	チョキ	パー
左手	グー	パー	グー	パー	グー	パー

2 2番は左右の手の動きを逆にし、右手はグー・パー、左手はグー・チョキ・パーで同様にくり返します。

	⑦♪く	⑧♪ー	⑨♪ろ	⑩♪い	⑪♪ー	⑫♪け
右手	グー	パー	グー	パー	グー	パー
左手	グー	チョキ	パー	グー	チョキ	パー

3 3番は1番と同様に行います。

 アドバイス　難しい場合は、左右の手の動きを片手ずつ練習してから行うといいでしょう。

みかんの花咲く丘

作詞：加藤省吾／作曲：海沼實

青い山脈

懐かしの歌謡曲に合わせて、首や肩をほぐしたり、腕を動かしたりします。

進 め 方

1 ♪わ

（両肩を上げます）

2 ♪かく

（両肩を戻します）

3 ♪あかるい
　うたごえに

（**1**、**2** の動きを
3回くり返します）

4 ♪なだれは

（右肩を前から後ろにまわします）

5 ♪きえる

（左肩を前から後ろにまわします）

6 ♪はなも さく

（**4**、**5** の動きを
くり返します）

7 ♪あ

（頭を左に倒します）

8 おい

（右に倒します）

9 ♪さんみゃく
　ゆきわりざくら

（**7**、**8** の動きを
3回くり返します）

10 ♪そらの はて
　きょうも われらの

（腕をふり、足踏みします）

11 ♪ゆめを よぶ

（弧を描くように、両手を大きく2回動かします）

アドバイス ゆったりとしたテンポで行い、一つひとつの動作を大きくし、肩や腕を思いきり動かしましょう。

青い山脈

作詞：西條八十／作曲：服部良一

1. わ か く あ か る い う た ー ご え に な だ れ は
2. ふ る い う わ ぎ よ さ よ ー う な ら な さ み し い

ー き え る は な も さ く ら あ ー お い い
ー ゆ め よ さ よ う な く ら あ ー お い い

さ ん み ゃ ー く ゆ き わ り ざ ー く ー ら
さ ん み ゃ ー く バ ラ い ろ ぐ ー も ー へ

ー ー そ ら ー の は て きょ う も わ れ ー ら の
ー ー あ こ ー が れ の た び の お と ー め に

ー ゆ ー め り ー ー ー を よ ぶ く ー
ー と ー り ー ー ー も な く ー

※歌詞は２番まで掲載しています。

浜辺の歌

ゆったりとしたテンポで、足や足首、太ももなどを鍛えます。

・・・・・・・・・・・・・・・・・・・・・・ 進 め 方 ・・・・・・・・・・・・・・・・・・・

1 ♪あした はまべを

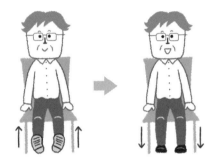

（【つま先を上げる→戻す】を2回くり返します）

2 ♪さまよえば

（【かかとを上げる→戻す】を2回くり返します）

3 ♪むかし

（右足を前に伸ばします）

4 ♪のこ

（右足を戻します）

5 ♪と

（左足を前に伸ばします）

6 ♪ぞ

（左足を戻します）

7 ♪しのばるる

（**3**～**6**の動きを
くり返します）

8 ♪かぜの お

（右足のつま先を
斜め右に出します）

9 ♪とよ

（右足を戻します）

10 ♪くもの さま

（左足のつま先を
斜め左に出します）

11 ♪よ

（左足を戻します）

12 ♪よする なみも
かいの いろも

（**8**～**11**の動きを
くり返します）

浜辺の歌

作詞：林古渓／作曲：成田為三

1. あ　し　たー　は　まー　べー　を　さー　ま　よー　えー　ば　ー　む
2. ゆ　う　べー　は　まー　べー　を　もー　と　ー　お　れー　ば　ー　む

か　しー　の　こー　と　ぞ　しー　の　ー　ば　る　る　ー　か
か　しー　の　ひー　と　ぞ　しー　の　ー　ば　る　る　ー　よ

ぜ　の　おー　と　よ　く　も　の　さ　ま　よ　ー　よ
す　る　なー　と　み　よ　か　え　す　な　み　よ　ー　つ

す　るー　な　ーー　みー　も　かー　い　の　い　ろ　も　ー
き　のー　い　ーー　みろ　ー　も　ほー　し　の　か　げ　も　ー

※歌詞は2番まで掲載しています。

足を前や斜めに伸ばす際には、同じ方向に腕を一緒に伸ばしてもいいでしょう。

早春賦

腕を大きく伸ばしたり体をひねったりして、腕や上半身のストレッチをします。

.... 進 め 方 ....

1 ♪はるは なの

（パーにした両手を上に伸ばして
左に傾きます）

2 ♪みの か

（右に傾きます）

3 ♪ぜの さむさ

（**1**と同じ動きです）

4 ♪や

（**2**と同じ動きです）

5 ♪たにの うぐ

（左手を腰にあて、右手で
平泳ぎの動きをします）

6 ♪いす う

（右手を腰にあて、左手で
平泳ぎの動きをします）

7 ♪たは おもえ

（**5**と同じ動きです）

8 ♪ど

（**6**と同じ動きです）

9 ♪ときに あら

（上半身を左にひねります）

10 ♪ずと こ

（右にひねります）

11 ♪えも たて

（**9**と同じ動きです）

12 ♪ず

（**10**と同じ動きです）

13 ♪ときに
あらずと
こえも
たてず

（**1**〜**4**の動きを
くり返します）

早春賦

作詞：吉丸一昌／作曲：中田 章

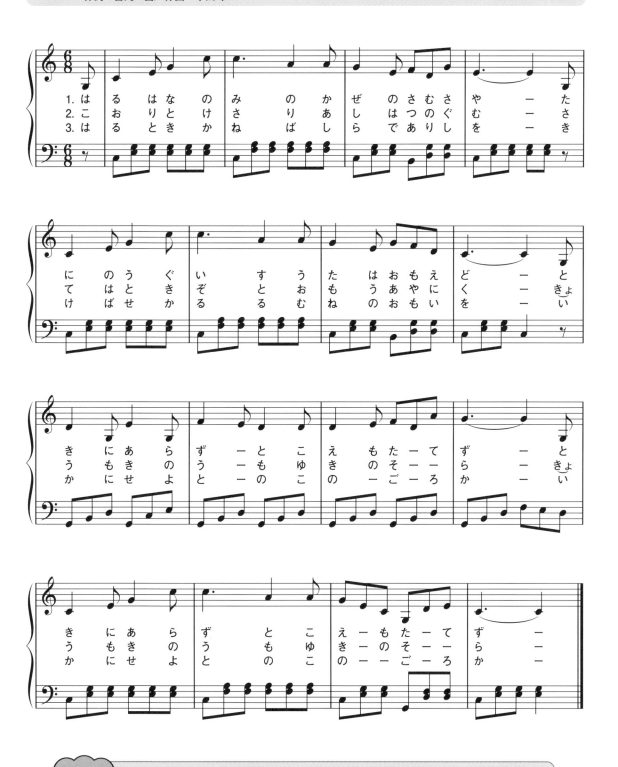

さくらさくら

タオルを使って、腕や腹筋、背筋などをストレッチします。

進 め 方

ひとり1本ずつ、両手でタオルを持ちます。

1 ♪さくら

（両手を伸ばして、前に倒れます）

2 ♪さくら

（後ろにそらします）

3 ♪のやまも さとも
みわたすかぎり

（ **1** 、 **2** の動きを
2回くり返します）

4 ♪かすみか

（両手を上げ、左に傾きます）

5 ♪くもか

（右に傾きます）

6 ♪あさひに

（ **4** と同じ動きです）

7 ♪におう

（ **5** と同じ動きです）

8 ♪さくら

（タオルを背負うように
首の後ろにします）

9 ♪さくら

（両手を上げます）

10 ♪はなざか

（ **8** と同じ動きです）

11 ♪り

（ **9** と同じ動きです）

さくらさくら

日本古謡

1. さ く ら
2. さ く ら

さ さ く ら
さ さ く ら

の や や ま も
や よ い い の

さ と ― も
そ ら ― は

み わ た た す
み わ た た す

か ぎ ― り
か ぎ ― り

か す み か
か す み か

く も ― か
く も ― か

あ さ ひ に
に お い い ぞ

に お ― う
い ず ― る

さ く ら
い ざ や

さ く ら
い ざ や

は な ざ ― か
み に ゆ ― か

り ん

タオルの替わりに、新聞紙を細長く丸めたものを使ってもいいでしょう。

-77-

おぼろ月夜

ふたりが向かい合って、リズムに合わせて腕を動かします。

進め方

ふたりが向かい合って座り、両手をつなぎます。

1 ♪なのはなばたけに い

（両手を交互に引っ張り合います）

2 ♪りひ うすれ
みわたす やまのは
かすみ ふかし

（**1** の動きを
3回くり返します）

3 ♪（はる）かぜ そよ

（両手を上げます）

4 ♪ふく そ

（両手を下ろします）

5 ♪らを みれ

（**3** と同じ動きです）

6 ♪ば ゆう

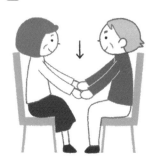

（**4** と同じ動きです）

7 ♪づき かかりて に

（両手をどちらかの方向にまわします）

8 ♪おい あわし

（反対方向にまわします）

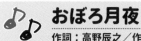

おぼろ月夜

作詞：高野辰之／作曲：岡野貞一

アドバイス　スタッフは、「皆さん、とびきりの笑顔でやってみましょう」などと促すと、組になったふたりが、より楽しい気持ちで行えるでしょう。

-79-

春が来た

ゆったりとしたリズムに合わせて、腕や肩をほぐします。

- - - - - - - - - - - - - - - 進 め 方 - - - - - - - - - - - - - - -

1 ♪はるが

（両手をパーにして
左斜め上に上げます）

2 ♪きた

（両手をグーにして
ひざに置きます）

3 ♪はるが

（両手をパーにして
右斜め上に上げます）

4 ♪きた

（**2**と同じ動きです）

5 ♪どこにきた

（**1**〜**4**の動きを
くり返します）

6 ♪やまに

（両肩を上げます）

7 ♪きた

（両肩を戻します）

8 ♪さとに

（**6**と同じ動きです）

9 ♪きた

（**7**と同じ動きです）

10 ♪のにも　き

（両肩を前から後ろにまわします）

11 ♪た

（**10**と同じ動きです）

春が来た

作詞：高野辰之／作曲：岡野貞一

10、11の両肩を前から後ろにまわすとき、2番では後ろから前にまわすように
してもいいでしょう。

ゆりかごの歌

全員が輪になり、ゆりかごをイメージして腕を動かすことで、コミュニケーションを図りながら、腹筋や腕を鍛えます。

進め方

全員が輪になって座り、両手をつなぎます。

1 ♪ゆりかごの

（右どなりの人の手を引っ張ります）

2 ♪うたを

（左どなりの人の手を引っ張ります）

3 ♪カナリヤが うたうよ　　（**1**、**2** の動きをくり返します）

4 ♪ねんねこ

（両手を上げます）

5 ♪ねんねこ

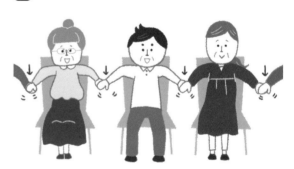

（両手を後ろにそらします）

6 ♪ねんねこよ　　（**4**、**5** の動きをくり返します）

ゆりかごの歌

作詞：北原白秋／作曲：草川 信

1. ゆ り か ご の　　う た を　　カ ナ リ ヤ が　　う た う よ
2. ゆ り か ご の　　う え に　　び わ の み が　　ゆ れ る よ
3. ゆ り か ご の　　つ な を　　き い ろ い つ き が　　ゆ す る よ
4. ゆ り か ご の　　ゆ め に　　き い ろ い つ き が　　う か る よ

ね ん ね こ ー　　ね ん ね こ　　ね ん ね こ　　よ

荒城の月

両手を組んだ状態でゆったりと動き、腕、腹筋、背筋などを鍛えます。

───────── 進 め 方 ─────────

1 ♪はるこうろうの

（両手を組んで前に伸ばし、
背中を丸めます）

2 ♪はなの えん

（両手を後ろで組んで、
胸を突き出します）

3 ♪めぐる さかずき

（ **1** と同じ動きです）

4 ♪かげさして

（ **2** と同じ動きです）

5 ♪ちよの まつがえ

（組んだ両手を伸ばし、左から右に
弧を描くように動かします）

6 ♪わけいでし

（右から左に弧を描くように
動かします）

7 ♪むかしの ひかり

（両手を組んだまま、
上半身を前に倒します）

8 ♪いま いずこ

（両手を組んだまま、手のひらを上にして両手を組み、上に伸ばします）

荒城の月

作詞：土井晩翠／作曲：滝 廉太郎

1. は　る　こ　う　ろ　う　の　は　な　の　え　ん
2. あ　き　じ　ん　じ　う　の　し　も　の　ろ
3. い　ま　こ　う　の　う　の　よ　わ　つ　き

め　ぐ　る　さ　か　ず　き
な　き　ゆ　ぬ　か　り　き
か　わ　ら　か　ひ　か　の

か　げ　さ　し　て　て
た　ず　み　せ　ぞ
か　が　た　め

ち　う　よ　の　ま　つ　が　え　わ　け　い　で
か　う　る　つ　こ　が　に　た　だ　そ　ず
か　き　の　る　こ　ぎ　る　は　て　り　か

し　し
い　い
ら

む　か　し　の　ひ　か　り　い　ま　い　ず
む　か　つ　の　う　ひた　か　う　は　た　ま　だ　あ　こ　こ　し
ま

※歌詞は３番まで掲載しています。

最後は、ゆっくり深呼吸をしながら左右の手を放すといいでしょう。

仰げば尊し

リズムに合わせて、太ももや足のストレッチをします。

進 め 方

1 ♪あおげば

（右の太ももを上げて戻します）

2 ♪とうとし

（左の太ももを上げて戻します）

3 ♪わがしの お

（**1**と同じ動きです）

4 ♪ん

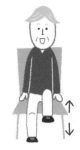

（**2**と同じ動きです）

5 ♪おしえの

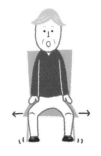

（両足を横に開きます）

6 ♪にわにも

（両足を戻します）

7 ♪はや いくと

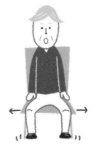

（**5**と同じ動きです）

8 ♪せ

（**6**と同じ動きです）

9 ♪おもえば

（右足の指先を伸ばしながら、
前に出します）

10 ♪いととし

（右足を戻します）

11 ♪この としつ

（左足の指先を伸ばしながら、
前に出します）

12 ♪き

（左足を戻します）

13 ♪いまこそ
わかれめ
いざ
さらば

（**9**〜**12**の動きを
くり返します）

仰げば尊し

文部省唱歌

両足を横に開くときは、同時に両手を横に開いてもいいでしょう。

冬景色

腕や上半身を大きく伸ばして、腹筋や背筋をストレッチします。

進 め 方

1 ♪さぎり

（右手を上げて、左に傾きます）

2 ♪きゆる

（手と体を戻します）

3 ♪みなとえ

（左手を上げて、右に傾きます）

4 ♪の

（手と体を戻します）

5 ♪ふねに
　　しろし
　　あさの
　　しも

（**1**～**4**の動きを
くり返します）

6 ♪ただ みずとりの

（右手を左手にはさんで、
左横に伸ばします）

7 ♪こえは して

（左手を右手にはさんで、
右横に伸ばします）

8 ♪いまだ

（両手の手のひらを合わせて、
前に伸ばします）

9 ♪さめず

（両手の手のひらを上にして、
横に伸ばします）

10 ♪きしの い

（**8**と同じ動きです）

11 ♪え

（両手を上に上げます）

冬景色

文部省唱歌

1. さ ぎ り りす
2. か ら
3. あ ら し

き な ふ

る て き ゆ き

み き く

な に も え た は お か と

の く ち

ふ ひ し ね と ぐ

に は れ

し は ふ

ろ た り に て

あ む ひ む

の を く さ ぎ は し ふ れ

も む ぬ

た げ も

だ に し

み こ と ず は も と る し り び の の の

こ の も

え ど れ は け こ し し ず

て や は

い か そ

ま え れ

だ り と

さ ざ わ

ず の じ め き か

き は の

し な べ の も の い み さ

え ゆ と

最後は背筋を伸ばして、思いきり両手を上に伸ばしましょう。

憧れのハワイ航路

全身をダイナミックに動かして、手足の筋肉をほぐします。

・・・・・・・・・・・・・・・・・・・・・ 進 め 方 ・・・・・・・・・・・・・・・・・・・・・

1 ♪は

（グーにした両手を胸の前
で交差します）

2 ♪れた そ

（両足を斜め横に広げ、
両手を斜め上に伸ばします）

3 ♪ら そよぐ かぜ

（**1**、**2** の動きを
3 回くり返します）

4 ♪みな

（**1**と同じ動きです）

5 ♪と

（両足を斜め横に広げ、
両手を斜め下に伸ばします）

6 ♪でふねの ドラのね
たのし

（**4**、**5** の動きを
3 回くり返します）

7 ♪わかれ テープを
えがおで きれば

（両手で横に半円を描くように、
左から右に2回動かします）

8 ♪のぞみ はてない
はるかな しおじ

（右から左に2回動かします）

9 ♪あー あこが

（両手を上に上げて左に倒します）

10 ♪れの ハワ

（右に倒します）

11 ♪イ こう

（**9**と同じ動きです）

12 ♪ろ

（**10**と同じ動きです）

アドバイス　懐かしの歌謡曲なので、みんなで一度歌ってからリズム体操を行うと、参加者
が楽しみながら、はりきって行えるでしょう。

憧れのハワイ航路

作詞：石本美由起／作曲：江口夜詩

※歌詞は2番まで掲載しています。

ああ人生に涙あり

手足を大きく動かして、元気よくストレッチします。

・・・・・・・・・・・・・・・・ 進 め 方 ・・・・・・・・・・・・・・・・

1 ♪じん

（左手を腰にあて、右手は
左の太ももに置きます）

2 ♪せい

（半円を描くように
右手を広げます）

3 ♪らくありゃ
　　くも あるさ

（**1**、**2**の動きを
3回くり返します）

4 ♪なみ

（右手を腰にあて、左手は
右の太ももに置きます）

5 ♪だの

（半円を描くように
左手を広げます）

6 ♪あとには
　　にじも でる

（**4**、**5**の動きを
3回くり返します）

7 ♪あるいて ゆくんだ

（腕をふりながら、
4回足踏みします）

8 ♪し

（両足を開き、ひじを
曲げて両腕を開きます）

9 ♪っ

（両足を閉じ、**8**のひじ
から先をつけます）

10 ♪かりと

（**8**、**9**の動きを
3回くり返します）

11 ♪じぶ

（手のひらを上にして
両手を横に広げます）

12 ♪んの

（頭の上で両手を
合わせます）

13 ♪みちを
　　ふみしめて

（**11**、**12**の動きを
5回くり返します）

ああ人生に涙あり

作詞：山下路夫／作曲：木下忠司

元気に生き生き
リズム体操

3 雨ふり

ふたりが向かい合って両手を合わせ、リズムに合わせて腕を動かしてストレッチします。

進め方

ふたりが向かい合って座り、両手の手のひらを合わせます。

1 ♪あめあめ ふれふれ かあさんが

（両手を4回、交互に
上げたり下げたりします）

2 ♪じゃのめで おむかえ うれしいな

（【両手を広げる】→【両手を
閉じる】を2回くり返します）

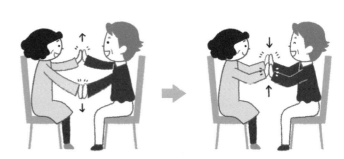

3 ♪ピッチピッチ チャップチャップ ランランラン

（両手を4回、交互に押し合います）

-94-

雨ふり

作詞：北原白秋／作曲：中山晋平

 ゆったりとしたテンポで行い、両手はできるだけ大きく動かしましょう。

かもめの水兵さん

リズムに合わせて、オールを漕ぐ真似をしたり、背筋や肩のストレッチをします。

進 め 方

1 ♪かもめの

（両手でオールを漕ぐ真似を
して、両腕を動かします）

2 ♪すいへいさん

（**1**と同じ動きです）

3 ♪なら

（両肩を上げます）

4 ♪んだ

（両肩を戻します）

5 ♪すいへい

（**3**と同じ動きです）

6 ♪さん

（**4**と同じ動きです）

7 ♪しろい ぼうし
　　しろい シャツ

（**1**と同じ動きです）

8 ♪しろい ふく

（**1**と同じ動きです）

9 ♪なみに チャップ チャップ

（両肩を前から後ろにまわします）

10 ♪うかんでる

（**9**と同じ動きです）

かもめの水兵さん

作詞：武内俊子／作曲：河村光陽

1.～3. か も め の す い へ い さん

なか	ら	け	ん	だ	す	い	い	さん
ず	け	ぶ	あ	し	す	へ	へ	さん
			ぬ	れ	す	い	い	さん

し ろ い ぼう し し ろ い シャ ツ し ろ ー い ふ く

な	ー	み	に	チャッ	プ	チャッ	プ	う	か	ー ん	で	る
な	ー	み	を	チャッ	プ	チャッ	プ	こ	え	ー て	ゆ	く
な	ー	み	で	チャッ	プ	チャツ	プ	お	せ	ー ん	た	く

※歌詞は3番まで掲載しています。

両肩を前から後ろにまわすとき、2番や3番では、後ろから前にまわすようにしてもいいでしょう。

銀座カンカン娘

懐かしの曲に合わせて、元気よく手足を動かして、腕や太ももを鍛えます。

進 め 方

1 ♪あのこ か

（両手と両足のつま先を
前に伸ばします）

2 ♪わいや

（両手、両足を戻します）

3 ♪カンカン
むすめ

（**1**、**2**の動きを
2回くり返します）

4 ♪あかい

（両手、両足を横に
広げます）

5 ♪ブラウス

（両手、両足を戻します）

6 ♪サンダル
はいて

（**4**、**5**の動きを
2回くり返します）

7 ♪だれを

（右足の太ももの下で両手の
指先を合わせます）

8 ♪まつやら

（右足の太ももの上で
手拍子をします）

9 ♪ぎんざの

（左の太ももの下で両手
の指先を合わせます）

10 ♪まちかど

（左足の太ももの上で
手拍子をします）

11 ♪とけい
ながめて
そわそわ
にやにや

（**7**～**10**の動きを
くり返します）

12 ♪これが

（右足の太ももを外側に大きく
まわすようにして開きます）

13 ♪ぎんざの

（右足の太ももを内側に大きく
まわすようにして戻します）

14 ♪カンカンむす

（左足の太ももを外側に大きく
まわすようにして開きます）

15 ♪め

（左足の太ももを内側に大きく
まわすようにして戻します）

ちょこっと
アレンジ

12～**15**で太ももをまわしながら広げたり閉じたりする際に、腕を一緒にまわして
広げたり閉じたりしてもいいでしょう。

銀座カンカン娘

作詞：佐伯孝夫／作曲：服部良一

1.あ のこ かわ いー や カ ンカ ンむ す め
2.あ めに ふら れー て カ ンカ ンむ す め

あか いブ ラウ ス サ ンダ ルは ー い て
かさ もさ さず に く つま でぬ ー い で

だれ をま つや ら ぎ んざ のま ちか ど とけ いな がめ て
まま よぎ んざ は わ たし のジ ャン グル とら やお おか み

そ わそ わに やに や これ ーが ぎー んざ の
こ わく はな いの よ

カー ンカ ンむ す め （これ ーが

ぎー んざ の カー ンカ ンむ す め）

※歌詞は2番まで掲載しています。

いい湯だな

入浴をイメージして、お湯をかけたり、背中や腕、脚などを洗う動きを楽しみます。

進 め 方

1 ♪ババンバ バンバン バン

（斜め右下から、桶の湯を
2回体にかける真似をします）

2 ♪ババンバ バンバン バン

（斜め左下から、桶の湯を
2回体にかける真似をします）

3 ♪ババンバ バンバン バン
　　ババンバ バンバン バン

（**1**、**2** の動きを
くり返します）

4 ♪いいゆだな いいゆだな

（右手が上、左手が下で、タオルで
背中を4回こする真似をします）

5 ♪ゆげが てんじょうから
　　ポタリと せなかに

（左手が上、右手が下で、タオルで
背中を4回こする真似をします）

6 ♪つめてエな

（右手で左腕を2回こする
真似をします）

7 ♪つめてエな

（左手で右腕を2回
こする真似をします）

8 ♪ここは きたぐに

（右手で右脚を2回
こする真似をします）

9 ♪のぼりべつの ゆ

（左手で左脚を2回
こする真似をします）

アドバイス スタッフは、「体をよく洗いましょう!」などと促しながら、楽しく行いましょう。

いい湯だな

作詞：永 六輔／作曲：いずみたく

※歌詞は3番まで掲載しています。

雀の学校

リズムに合わせて元気よく体を動かし、腕や背中の筋肉をほぐします。

- **進 め 方** -

1 ♪ちいちい

（両手を伸ばして横に広げ、
　右足を前に出します）

2 ♪ぱっぱ

（両手と右足を
　戻します）

3 ♪ちいぱっ

（両手を伸ばして横に広げ、
　左足を前に出します）

4 ♪ぱ

（両手と左足を
　戻します）

5 ♪すずめの
　がっこうの
　せんせいは
　むちを ふりふり
　ちいぱっぱ

（**1**～**4** の動きを
　2回くり返します）

6 ♪せいとの

（右手を斜め左上に
　伸ばします）

7 ♪すずめは

（右手を戻します）

8 ♪わになっ

（左手を斜め右上に
　伸ばします）

9 ♪て

（左手を戻します）

10 ♪おくちを
　そろえて
　ちいぱっぱ

（**6**～**9** の動きを
　くり返します）

11 ♪まだまだ

（ひじを曲げて
　両腕を開きます）

12 ♪いけない

（ひじから先を
　つけます）

13 ♪ちいぱっぱ
　もいちど
　いっしょに
　ちいぱっぱ

（**11**、**12** の動きを
　3回くり返します）

14 ♪ちいちいぱっぱ　ちいぱっぱ

（弧を描くように、両手を大きく動かします）

雀の学校

作詞：清水かつら／作曲：弘田龍太郎

ちい ちい ぱっ ぱ　ちい ぱっ ぱ　すずめのがっ こうの　せん せい は

む　ちをふりふり　ちい ぱっ ぱ　せいとのすずめは　わになっ て

おくちをそろえて　ちい ぱっ ぱ　まだまだいけない　ちい ぱっ ぱ

もいちどいっ しょに　ちい ぱっ ぱ　ちい ちい ぱっ ぱ　ちい ぱっ ぱ

❶と**❸**で両手を広げるときは、胸を突き出すようにすると、より効果的な腕と背中の運動になるでしょう。

兎と亀

ふたりが向かい合って手をつなぎ、リズムに合わせて腕や上半身を動かします。

進め方

ふたりが向かい合って座り、両手をつなぎます。

1 ♪もしもし

（両手をつなぎ、横に広げます）

2 ♪かめよ

（両手を上に上げます）

3 ♪かめさん

（**1**と同じ動きです）

4 ♪よ

（**2**と同じ動きです）

5 ♪せかいの うちに

（左右の手を交互に引っ張り合います）

6 ♪おまえほど

（**5**と同じ動きです）

7 ♪あゆみの のろい ものはない

（両手を交互に引っ張り合います）

8 ♪どうして そんなに のろいのか

（**7**と同じ動きです）

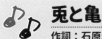

兎と亀

作詞：石原和三郎／作曲：納所弁次郎

1. もしもし かめよ かめさんよ
2. なんと おっしゃ うさぎさん
3. どんなに しんに

せかいの うちに ちにえとで まけるか ほらだ どべろう
せどう かん らば うおん まで おかか けか

あむこ ゆここ みうら ののので のこちょ ろやまの いまのと もふひ のもと はとね なむ いでり

どど ウ うち ウ しらグ てがウ そさグ なーきグ ににウ のかグ ろけグ いつグ のくウ かかグウ
どグ

※歌詞は3番まで掲載しています。

両手を交互に引っ張り合うときに、強く引っ張りすぎないように注意しましょう。

村の鍛冶屋

両手両足をダイナミックに動かして、元気よく全身のストレッチをします。

進 め 方

1 ♪しばしも

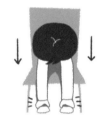

（両手で足首をつかみます）

2 ♪やすまず

（体を戻し、両手を上に
伸ばします）

3 ♪つちうつ ひびき
とびちる ひのはな
はしる ゆだま

（**1**、**2** の動きを
3回くり返します）

4 ♪ふいごの

（右ひじと左ひざを近づけます）

5 ♪かぜさえ

（右ひじと左ひざを戻します）

6 ♪いきをも

（左ひじと右ひざを近づけます）

7 ♪つがず

（左ひじと右ひざを戻します）

8 ♪しごとに

（両手、両足を思いきり
上下に広げます）

9 ♪せいだす

（両手、両足を戻します）

10 ♪むらの

（**8** と同じ動きです）

11 ♪かじや

（**9** と同じ動きです）

村の鍛冶屋

文部省唱歌

1. し ば し も や す ま ず つ ち う つ ひ び ー き
2. あ る じ は な だ か き い っ こ く お や ー じ

と び ち る ひ の は な は し る ゆ だ ー ま
は や お き は や ね の や ま い し ら ー ず

ふ い ー ご か ぜ ー さ え い き を も つ ー が ー ず
て つ ー よ り か た ー し と ほ こ れ る う ー で ー に

し ご と に せ い だ す む ら の か じ ー や ろ
ま さ り て か た き は か れ が こ こ ー ろ

※歌詞は2番まで掲載しています。

両手、両足を思いきり上下に広げるときに、大きく口を開いてもいいでしょう。

-107-

故 郷

平ゴムを輪にしたものを使い、リズムに合わせて腕や上半身のストレッチをします。

- **進 め 方** -

80～100cmくらいの長さの平ゴムを輪にしたものを、ひとり1本ずつ用意し、輪の両端を持ちます。

1 ♪うさぎ

（両手を上げ、
左に傾きます）

2 ♪おいし

（右に傾きます）

3 ♪かのや

（**1**と同じ動きです）

4 ♪ま

（**2**と同じ動きです）

5 ♪こぶな

（前に倒れます）

6 ♪つりし

（後ろにそらします）

7 ♪かのか

（**5**と同じ動きです）

8 ♪わ

（**6**と同じ動きです）

9 ♪ゆめは

（両手を前に伸ばして、
上半身を左にひねります）

10 ♪いまも

（右にひねります）

11 ♪めぐ

（**9**と同じ動きです）

12 ♪りて

（**10**と同じ動きです）

13 ♪わすれがたき

（上半身を左からまわします）

14 ♪ふるさと

（右からまわします）

故 郷

作詞：高野辰之／作曲：岡野貞一

1. う さ ぎ に ろ　 おい ざ　 いま し　 かち は の た や はし　 まは て
2. い こ か こ　 おい ざ　 いま し　 かち は の た や はし　 まは て
3. こ こ ろ　 おい ざ　 いま し　 かち は の た や はし　 まは て

こ つ い ぶ つ つ な が の　 つな ひ　 りし しに しゃ か に　 かと か の もえ かが ら　 わき ん

ゆ ー め は に　 いー まぜ もに き　 めー ぐけ る ー　 りて ても と
あ ー め に は　 いか ー まぜ おき　 めつ ー ける ー　 りて ても さ
や ー ま に は　 あー まぜ おき　 つふ ー る ー　 りて ても さ

わ お み す も ず れ い は　 がい き　 たき るき ず よ　 ふふ ふ るる る さ ささ　 とと と

平ゴムの替わりに、タオルを使ってもいいでしょう。

花

両手を合わせて動かしたりひじを動かして、腕のストレッチをします。

進 め 方

1 ♪はる

（両手を胸の前で
合わせます）

2 ♪の う

（両手を合わせたまま、
左上に伸ばします）

3 ♪らら

（**1**と同じ動きです）

4 ♪の

（右上に伸ばします）

5 ♪すみだがわ

（**1**～**4**の動きを
くり返します）

6 ♪のぼ

（両手を合わせたまま
右手で左手を押します）

7 ♪り

（左手で右手を押します）

8 ♪くだりの
ふなびとが

（**6**、**7**の動きを
3回くり返します）

9 ♪かい

（両ひじを曲げ、
腕を横に伸ばします）

10 ♪の

（両ひじを下ろします）

11 ♪しずくも
はなとちる

（**9**、**10**の動きを
3回くり返します）

12 ♪ながめを なにに
たとうべき

（弧を描くように、両手を
大きく2回動かします）

花

作詞：武島羽衣／作曲：滝 廉太郎

※歌詞は2番まで掲載しています。

ちょこっとアレンジ 両手を合わせて左右に伸ばす際には、体も同じ方向に傾けると、腹筋のストレッチにもなります。

● 編著者

井上 明美 （いのうえ あけみ）

国立音楽大学教育音楽学科卒業。卒業後は、(株)ベネッセコーポレーション勤務。教育教材、音楽教材などの企画制作に携わる。退職後は、制作会社アディインターナショナルを設立。同社代表取締役。幼児から高齢者まで幅広い年齢層の教材、テキスト、実用書などの制作や執筆を行う傍ら、保育現場、介護現場で実践できるゲームやレクリエーション、音楽リズムを用いたリトミックやリズム体操、身体機能向上のためのプログラム、癒しのためのプログラムなどを考案する。著書に『すぐ使える！脳トレ・レク・リズム体操』『すぐ使える！脳トレ・制作・リズム体操』『子どもがときめく人気曲＆どうようでリトミック』（いずれも、自由現代社発行）などがある。

● 情報提供

(株)大協　通所介護事業所 ゆうらく1、2、3番館

有馬良幸　塚本美晴　北林里美　清水エツ　塚本 正　加藤ひろみ　宮倉和則　大谷幸代

● 有馬 良幸

(株)大協 代表取締役。通所介護事業所、サービス付き高齢者住宅を運営。利用者の方々に精一杯の支援をするべく、利用者に対しての対応の仕方、支援技術、防災訓練等、職員が毎月研修会を開き、情報交換をし、利用者に対しての見識を高めている。

● 塚本 美晴

介護支援専門員。栄養士として1985年より老人専門病院に勤務後、2007年に(株)大協に入社。通所介護事業所・訪問介護事業所・居宅介護事業所・サービス付き高齢者向け住宅などの開設に携わる。利用者の笑顔と楽しい時間を共有し、ご家族と共にお手伝いを続けたいと願っている。

● 北林 里美

社会福祉主事任用資格。医療系専門学校を卒業後、介護保険老人保健施設に勤務。その後、在宅介護支援センターの相談員を経験後、現在のデイサービスに勤務。手作りをモットーに、毎日のレクリエーションを充実できるように試行錯誤を重ねている。

● 清水 エツ

サービス介護士2級、ヘルパー2級、レクリエーション介護士2級、介護予防健康アドバイザー。特別養護老人ホームに勤務後、2013年より現在のデイサービスに勤務。レクリエーション、壁紙創作、入浴介助、送迎などの業務に携わる。

● 編集協力

アディインターナショナル／大門久美子

● イラスト

クボトモコ

女子美術短期大学卒業。2004年よりイラストレーターとして活動開始。
健康的で明るく清潔感のあるイラストを得意とする。刺繍作品も制作。

デイサービス、介護現場で **すぐ使える！唱歌・懐メロで音楽レク・リズム体操** 定価（本体 1600 円＋税）

編著者	井上明美（いのうえあけみ）
イラスト	クボトモコ
表紙デザイン	オングラフィクス
発行日	2020 年 7 月 30 日　第 1 刷発行
	2021 年 6 月 30 日　第 2 刷発行
編集人	真崎利夫
発行人	竹村欣治
発売元	株式会社自由現代社
	〒 171-0033　東京都豊島区高田 3-10-10-5F
	TEL03-5291-6221/FAX03-5291-2886
	振替口座 00110-5-45925
ホームページ	http://www.j-gendai.co.jp

皆様へのお願い

楽譜や歌詞・音楽書などの出版物を権利者に無断で複製（コピー）することは、著作権の侵害（私的利用など特別な場合を除く）にあたり、著作権法により罰せられます。また、出版物からの不法なコピーが行なわれますと、出版社は正常な出版活動が困難となり、ついには皆様方が必要とされるものも出版できなくなります。音楽出版社と日本音楽著作権協会（JASRAC）は、著作権の権利を守り、なおいっそう優れた作品の出版普及に全力をあげて努力してまいります。

どうか不法コピーの防止に、皆様方のご協力をお願い申し上げます。

株式会社自由現代社
一般社団法人 日本音楽著作権協会
（JASRAC）

JASRAC の承認に依り許諾証紙張付免除

JASRAC　出 2005711-102
（許諾番号の対象は、当該出版物中、当協会が許諾することのできる出版物に限られます。）

ISBN978-4-7982-2407-7